Pasteur Michel BADY

LA VIE CHRÉTIENNE ET LA MARCHE DANS LE DÉSERT

Pasteur Michel BADY

LA VIE CHRÉTIENNE ET LA MARCHE DANS LE DÉSERT

Éditions Croix du Salut

Imprint

Cover image: www.ingimage.com

Publisher:
Éditions Croix du Salut
is a trademark of
International Book Market Service Ltd., member of OmniScriptum Publishing Group
17 Meldrum Street, Beau Bassin 71504, Mauritius
Printed at: see last page
ISBN: 978-613-7-37645-4

SOMMAIRE

DEDICACE

Ce manuel est dédié :

A tout le corps du Christ du monde entier,

A tous les fidèles des Ministères Génération Joël à travers le monde

A ma très chère épouse Nathalie BADY,

A ma fille Fidès BADY,

A tous et à chacun,

Nous dédions ce manuel.

PREFACE

La connaissance informe tandis que la compréhension de la parole transforme. Et le processus de transformation est comme un chemin, qui souvent passe par la solitude. Dieu seul avec l'humain, l'enseignant et l'instruisant pour l'équiper en vue d'être soit même propre à toute bonne œuvre, mais aussi une source de bénédiction. Dieu voit loin et agit en prévision de nous amener loin.

Osée 2 :16 dit : « ***C'est pourquoi voici, je veux l'attirer et la conduire au désert, et je parlerai à son cœur.*** » C'est la pensée de Dieu pour tous ceux qui ont une vocation, en vue de leur donner des instructions nécessaires par rapport à leur mission. C'est dans ce cadre que Paul reste seul, délaissé de tous, mais croyant en la présence de Dieu qui le fortifie. (2 Timothée 4 :16)

Ces instructions sont justement comme de l'eau pour un chameau destiné pas à avancer très vite comme un cheval et s'épuiser vite, mais pour avancer quoique lentement mais avec la vision et la provision d'aller loin sans se fatiguer.

Ceux qui se confient en Dieu renouvellent leur force. Partant du chameau appelé aussi bateau du désert, nous disons que la grandeur d'un ministre de Dieu ou d'un enfant de Dieu consiste à tenir dans les conditions favorables ou défavorables... Et seul celui qui est passé par le désert peut comprendre le désert et être un soutien pour les autres. Le désert est un temps ou un lieu des intimités avec Dieu. Et on ne le crée pas, mais Dieu en est l'auteur pour un but. C'est une souffrance juste d'un juste. C'est un élément fort du curriculum vitae spirituel que Dieu constitue dans l'histoire d'une personne. Des gens présentent leurs éléments de gloire mais où sont leurs traces de souffrance ? Jésus ressuscité montre aux apôtres ses plaies ou encore le chemin par lequel il est passé pour arriver là où il est. La force de toute grandeur, c'est le chemin par lequel on passe pour accéder à cela.

La solitude est l'un des caractéristiques du temps de désert ou de souffrance.

Avant son ministère officiel sur terre notre Seigneur Jésus a été seul au désert pendant 40 jours et 40 nuits. Et il était encore seul à la croix sans disciples, ni Marie, ni l'un de ses multiples admirateurs. La bonne nouvelle est que la provision de Dieu sera là dans ce désert. Jésus a multiplié les pains dans un désert.

Luc 9:12-17 montre Jésus comme un Dieu responsable, qui se charge de pourvoir la nourriture au désert. Et après avoir mangé ils ont ramassé les morceaux. Ceci nous confirme que Dieu est avec nous dans le désert de notre vie et il pourvoira à notre repas de subsistance parce qu'il ne nous amène pas dans le désert pour nous y assassiner.

Moise l'a dit à Dieu au désert intercédant pour le peuple d'Israël dans le désert en disant : « ***Si tu les tue, les nations diront que tu as été incapable (ou irresponsable) et tu les as tués au désert...*** »

De la manne nourriture du désert et de la multiplication des pains au désert, nous apprenons la valeur de la gestion de ce qu'on a. Ainsi, il leur avait demandé de ramasser les morceaux des pains restant parce que pouvant sûrement servir à quelque chose. Les gens gaspillent ce qu'ils ont et parfois même les choses spirituelles simplement parce que n'étant pas passé au désert ou par la souffrance pour être éduqués à la gestion.

La bible dit que le fourneau est pour l'or... Donc l'éclat dans notre vocation se manifeste ou s'ajoute par le fait de passer au travers du feu. Tu es précieux aux yeux de Dieu.

Ainsi le souci de l'auteur, c'est de démontrer que tu es précieux en Dieu comme l'or et que tu passeras par le feu du fourneau ou par le désert pour faire ressortir le meilleur de toi. Mais Dieu sera avec toi dans toutes ces situations selon qu'il a dit : « ***Je serai avec toi et je ne t'abandonnerai pas.*** » De ce fait tu vivras la vraie vie chrétienne : réelle et équilibrée.

L'auteur paraphrase Jésus qui a dit : « ***Si quelqu'un veut me suivre qu'il prenne sa croix*** » ou soit prêt à payer le prix... Et c'est le chemin même de la vraie sanctification qui est incontournable dans la vie chrétienne à savoir vivre pour Dieu. Et le couronnement de cette vie pour Dieu sera le succès. Et le vrai succès consiste à laisser Dieu réussir en nous.

L'auteur n'écrit pas ici des choses lues, mais plutôt des choses vécues dans sa propre vie et dans sa vocation. Et c'est cela la force de son message reçu de Dieu et transcrit dans ce livre. Sa consécration à Dieu, sa générosité, son dévouement à l'œuvre de Dieu tout en gardant l'équilibre avec sa vie de couple, tout cela prouve qu'il est un homme non seulement informé sur les choses de Dieu mais surtout formé ou mieux transformé par Dieu au travers d'un chemin qu'on appelle désert.

Ainsi, son souci c'est d'amener l'église du Seigneur à quitter certaines illusions en ce qui concerne le sens des bénédictions, pour l'amener à la réalité de la vie chrétienne et de la marche avec Dieu.

Cher lecteur, Je vous en souhaite bonne lecture. Que Dieu vous inspire en le lisant. Soyez bénis au nom de notre Seigneur et Sauveur Jésus-Christ qui revient bientôt. Shalom.

Pasteur Bernard FWAMBA
Responsable de l'Eglise MIREC

Chapitre I :

DEFINITION DES CONCEPTS CLES

I.1. LA VIE CHRETIENNE

1. DEFINITION

La vie chrétienne ou vie spirituelle est l'expression terrestre de cette relation spéciale avec Dieu à travers Jésus Christ et le Saint-Esprit.

Dieu ne nous a pas sauvés du péché et de la mort pour nous donner seulement la vie éternelle. Mais il nous a sauvés pour que nous ayons une relation spirituelle spéciale et profonde avec lui.

Le salut est plus qu'échapper à l'enfer et être auprès de Dieu après notre mort. C'est aussi vivre le reste de nos vies terrestres d'une manière qui plaise à Dieu et qui soit digne de Lui. C'est ce que l'apôtre Paul a déclaré dans le livre des Colossiens 1, 10-11 que : « ***..Marcher d'une manière digne du Seigneur et lui être entièrement agréables, portant des fruits en toutes sortes de bonnes œuvres et croissant par la connaissance de Dieu, fortifiés à tous égards par sa puissance glorieuse, en sorte***

que vous soyez toujours et avec joie persévérants et patients. »

En tant qu'enfants de Dieu nous sommes appelés à vivre une vie sainte et juste pour glorifier Dieu dans un monde où le péché abonde.

2. LA NATURE DE LA VIE CHRETIENNE

La vie chrétienne est un processus qui consiste à grandir et à mûrir dans notre relation avec Dieu en vivant dans la puissance du Saint-Esprit qui habite en nous pour que nous :

- Voyions de plus en plus les choses comme Dieu les voit
- Obéissions de mieux en mieux à Sa parole et que nous marchions de mieux en mieux à la suite de Christ.
- Manifestions de mieux en mieux la vie de Jésus Christ dans nos attitudes et nos actions.

3. ÊTRE CHRETIEN EST UN CHOIX

Un chrétien, c'est quelqu'un qui s'est personnellement approprié la foi et qui vit une relation vivante et vraie avec Dieu. On appelle conversion, un changement de direction, un arrêt sur le chemin de perdition et un retour vers le Dieu sauveur ; elle accompagne la repentance en vue du pardon des péchés.

Actes 3, 19 : « ***Repentez-vous donc et convertissez-vous, pour que vos péchés soient effacés,*** »

Actes 26, 20 : « ***à ceux de Damas d'abord, puis à Jérusalem, dans toute la Judée, et chez les païens, j'ai prêché la repentance et la conversion à Dieu, avec la pratique d'œuvres dignes de la repentance.*** »

1 Thessaloniciens 1, 9 : « ***Car on raconte, à notre sujet, quel accès nous avons eu auprès de vous, et comment vous vous êtes convertis à Dieu, en abandonnant les idoles pour servir le Dieu vivant et vrai,*** »

1 Timothée 3, 6 : « ***Il ne faut pas qu'il soit un nouveau converti, de peur qu'enflé d'orgueil il ne tombe sous le jugement du diable.*** »

La conversion peut être brutale, dramatique, instantanée. Mais elle peut aussi être progressive, étalée dans le temps ; en tant que fruit d'une assimilation réfléchie et assumée d'une éducation chrétienne. On peut devenir chrétien aussi parce qu'on a entendu le message de l'Évangile, on l'a compris et on y a adhéré de tout son être (en engageant son intelligence, sa volonté, ses sentiments, etc.). Un chrétien est donc celui qui reconnaît en Jésus son sauveur, qui s'en remet à lui pour son salut, pour le pardon de ses péchés, pour sa vie entière. Il est celui dont la vie a été éclairée par la lumière de l'Évangile, transformée, restaurée. Il a reçu une vie nouvelle de la part de Dieu. L'apôtre Paul dit : « ***Si quelqu'un est en Christ, il est une nouvelle créature. Les choses anciennes sont passées ; voici toutes choses sont devenues nouvelles*** ».

2 Corinthiens 5, 17 : « ***Si quelqu'un est en Christ, il est une nouvelle créature. Les choses anciennes sont passées; voici, toutes choses sont devenues nouvelles.*** »

Un chrétien, c'est aussi quelqu'un qui veut vivre en disciple conséquent du Christ. Cela signifie qu'il est un apprenti à l'école du Christ. Il essaie de vivre l'éthique du Royaume et les valeurs de l'Évangile. Il est soucieux de la «*sanctification*», de refléter le Christ, de glorifier Dieu dans tous les domaines de sa vie.

Le terme « chrétien » a été utilisé pour la première fois à Antioche pour désigner les disciples de Christ. Actes 11, 26 le confirme en disant : « ***... Pendant toute une année, ils se réunirent aux assemblées de l'Église, et ils enseignèrent beaucoup de personnes. Ce fut à Antioche que, pour la première fois, les disciples furent appelés chrétiens.*** »

4. VOICI AUTRES APPELLATIONS DE LA VIE CHRETIENNE :

Le mot vie chrétienne a plusieurs appellations, dont voici quelques-unes :

- La vie chrétienne normale,
- La vie abondante,
- La vie du cep,

- La vie remplie de l'Esprit,
- La marche dans la communion avec Dieu,
- La vie crucifiée (avec Christ par la foi),
- La vie chrétienne victorieuse,
- La vie par la foi,
- La vie sainte (progressivement sanctifiée),
- La vie agréable à Dieu,

Toutes ces expressions désignent la même réalité : Vivre la Parole de Dieu par la puissance du Saint Esprit.

I.2. LA MARCHE DANS LE DESERT

La marche dans le désert ou la traversée du désert est le moment, le temps, la période de la vie difficile voire d'épreuves mêlées quelquefois de tentation que traverse un enfant de Dieu en vue de la glorification. Souvent le désert spirituel est synonyme d'un temps difficile traversé par un enfant de Dieu à cause de son incrédulité ou de l'endurcissement de son cœur voir un moment de situations complexes dû à l'état du cœur du chrétien ou de la chrétienne.

Deutéronome 8, 2-5 : « ***Souviens-toi de tout le chemin que l'Éternel, ton Dieu, t'a fait faire pendant ces quarante années dans le désert, afin de t'humilier et de t'éprouver, pour savoir quelles étaient les dispositions de ton cœur et si tu garderais ou non ses commandements. Il t'a humilié, il t'a fait souffrir de la faim, et il t'a nourri de la manne, que tu ne connaissais pas et que n'avaient pas connue tes pères, afin de t'apprendre que l'homme ne vit pas de pain seulement, mais que l'homme vit de tout ce qui sort de la bouche de l'Éternel. Ton vêtement ne s'est point usé sur toi, et ton pied ne s'est point enflé, pendant ces quarante années. Reconnais en ton cœur que l'Éternel, ton Dieu, te châtie comme un homme châtie son enfant.*** »

Nous disons bien « ***traverser*** » et non s'y installer ou mourir là-bas. Après la traversée, arrive la « ***sortie*** », bonne nouvelle, ouf, enfin....

Mais, là, la vraie vie commence, c'est le temps de la mise en pratique, le temps de « ***l'expérience*** » avec son Dieu, où le monde t'attend, tout comme le monde attendait le peuple d'Israël à la sortie du désert. Ce qui fait que la traversée du désert forge en nous l'éternité. ...Christ en nous, l'espérance de la gloire.

Colossiens 1, 27 : « ***à qui Dieu a voulu faire connaître quelle est la glorieuse richesse de ce mystère parmi les païens, savoir: Christ en vous, l'espérance de la gloire.*** »

Hors la grande gloire qui nous attend, c'est l'éternité.

Selon la manière d'aborder de certains prédicateurs, la vie chrétienne ne sera pas toujours une vie en rose, des surprises agréables, des meilleurs moments et des bonnes choses à tout moment, non.

D'ailleurs l'apôtre Paul le démontre dans l'épitre aux Philippiens chapitre 4, 12 où il déclare : « ***Je sais vivre dans l'humiliation, et je sais vivre dans l'abondance. En tout et partout***

j'ai appris à être rassasié et à avoir faim, à être dans l'abondance et à être dans la disette. » L'apôtre Paul trace un tableau vacillant d'une vie chrétienne au menu, il y aura toujours dans notre parcours chrétien l'abondance tout comme la disette, c'est-à-dire un temps d'être rassasier et d'avoir faim, un temps où les choses marchent et un temps où ça semble bloqué… Mais dans tout ça, Dieu poursuit un objectif qu'il doit atteindre et cela pour notre avantage.

L'apôtre Pierre surenchérit en disant : « ***Bien-aimés, ne soyez pas surpris, comme d'une chose étrange qui vous arrive, de la fournaise qui est au milieu de vous pour vous éprouver.*** » (1 Pierre 4, 12.) Ici, Pierre s'adresse aux chrétiens et non païens.

Enfin, notre seigneur et sauveur Jésus-Christ confirma cela en ce terme : « ***Je vous ai dit ces choses, afin que vous ayez la paix en moi. Vous aurez des tribulations dans le monde; mais prenez courage, j'ai vaincu le monde.*** » (Jean 16, 33)

I.3. LE DESERT

1. <u>DEFINITION</u>

Le désert est un endroit sans végétation, de solitude, d'épreuves, de difficultés, de situations à rebondissement. De prime abord, le mot désert n'évoque rien de réjouissant : chaleur, silence, peur, etc. C'est un lieu sec ; aride sans eau, ni nourriture ; peuplé de serpents, de scorpions ; c'est aussi un lieu semblable à un abîme, un lieu inculte, inhabité, non fréquenté, abandonné, isolé...qui montre l'absence de la vie ; c'est un lieu stérile où rien ne pousse.

Le mot désert en grec (ερημος) « ***érimosis*** » ou encore « ***érimos*** » qui veut dire désolation, dévastation, destruction totale.

Matthieu 24, 15 : « ***C'est pourquoi, lorsque vous verrez l'abomination de la désolation, dont a parlé le prophète Daniel, établie en lieu saint, que celui qui lit fasse attention!*** » ;

Luc 21, 20 : « ***Lorsque vous verrez Jérusalem investie par des armées, sachez alors que sa désolation est proche.*** »

Apocalypse 18, 16-19 : « ***et diront: Malheur! Malheur! La grande ville, qui était vêtue de fin lin, de pourpre et d'écarlate, et parée d'or, de pierres précieuses et de perles! En une seule heure tant de richesses ont été détruites! Et tous les pilotes, tous ceux qui naviguent vers ce lieu, les marins, et tous ceux qui exploitent la mer, se tenaient éloignés, et ils s'écriaient, en voyant la fumée de son embrasement: Quelle ville était semblable à la grande ville? Et ils jetaient de la poussière sur leurs têtes, ils pleuraient et ils étaient dans le deuil, ils criaient et disaient: Malheur! Malheur! La grande ville, où se sont enrichis par son opulence tous ceux qui ont des navires sur la mer, en une seule heure elle a été détruite!*** »

Le mot désert en hébreux « ***Azuwbah*** » qui veut dire abandon, désolation

<u>Dans le sens figuré :</u>

Le désert, c'est un lieu de dépouillement, où la « vielle carcasse » doit être abandonné ; où Dieu fait passé quelqu'un afin de le tailler, de le façonner, de l'équiper, de le donner une forme correspondante à sa bénédiction à venir.

Le désert nous dépouille de certains vêtements, pour nous revêtir d'autres.

Un lieu d'épreuves et de dénuement (privation des choses nécessaires), la bible dit dans Josué 1, 4 : « ***Vous aurez pour territoire depuis le désert et le Liban jusqu'au grand fleuve, le fleuve de l'Euphrate, tout le pays des Héthiens, et jusqu'à la grande mer vers le soleil couchant.*** »

Est un monde sans Dieu. Deutéronomes 32, 10 : « ***Il l'a trouvé dans une contrée déserte, Dans une solitude aux effroyables hurlements; Il l'a entouré, il en a pris soin, Il l'a gardé comme la prunelle de son œil,*** »

Ici, nous tenons à signaler que c'était par la volonté de Dieu que les enfants d'Israël devraient à tout prix passer sur le chemin du désert, donc ici, c'est Dieu lui-même qui est le promoteur, l'initiateur de cette démarche. Dieu peut te faire passer par le chemin du désert selon sa volonté.

Chapitre II :

TYPES DE DESERTS

On ne peut pas provoquer son désert ou proclamer une période de désert par soi-même ; c'est Dieu qui amène dans le désert. De même qu'on ne peut pas sortir du désert par son propre gré, mais seul Dieu est capable de te sortir du désert.

On distingue plusieurs types de déserts, parmi lesquels, nous citons :

- Le désert de Dieu (ou foi éprouvée = les épreuves)
- Le désert des hommes (par nos fautes ou notre égarement)
- Le désert de Satan (la destruction et l'état de sècheresse causée par Satan)

II.1. LE DESERT DE DIEU

Ici, le désert devient l'université de Dieu pour ses enfants bien-aimé, un espace d'apprentissage, d'éducation et de révélation pour ou de l'homme nouveau.

Pour apprendre « ***Christ*** », c'est dans le silence, la solitude et à la soumission à l'Esprit. Oui, c'est là les hautes études de l'esprit par l'Esprit : Apprendre à voir, à entendre et à toucher ce que l'œil naturel ne voit pas, ce que l'oreille n'entend pas, ce que les doigts ne touchent pas, ce que le goût ne goûte pas et ce que l'odorat ne sent pas.

Beaucoup s'interrogent de la manière ci-après : Comment savoir si la saison ou la période que nous traversons est-elle une école de Dieu, où Dieu veut qu'on apprenne, où il veut nous corriger, nous donner un modèle correspondant à l'appel ou la bénédiction, ou encore à notre destinée ? La bible dit ceci : « ***Au jour du bonheur, sois heureux, et <u>au jour du malheur, réfléchis</u>: Dieu a fait l'un comme l'autre, afin que l'homme ne découvre en rien ce qui sera après lui.*** » (Ecclésiaste 7, 14)

Tout ce qui nous arrive doit être l'objet d'une réflexion approfondie et aller à genou en prière pour savoir pourquoi Dieu l'a permis, car Proverbes 16, 20 dit : « ***Celui qui réfléchit sur les choses trouve le bonheur, et celui qui se confie en l'Éternel est heureux.*** ».

Entre autre, le désert peut s'avérer être un lieu privilégié pour rencontrer notre créateur car notre oreille sera devenue attentive à sa voix. C'est ce que nous dit le prophète Osée : « ***C'est pourquoi, voici, je veux l'attirer et la conduire au désert, et je parlerai à son cœur.*** »(Osée 2, 16)

Le désert nous fait peur, parce que c'est un lieu hostile, inconfortable, mais si nous sommes conduits par Dieu dans le désert, ce dernier peut alors devenir une réelle source de grandes bénédictions spirituelles. Dans le désert nous sommes dépouillés. Il n'y a guère d'occasions de se distraire, et nous nous retrouvons face à nous-mêmes, face à Dieu, même si nous ne sommes pas forcément conscients de cette réalité. Dans le désert nous pouvons mourir, ou alors, crier à Dieu. Si nous voulons marcher avec Dieu, sachons-le : nous connaitrons le désert. Non seulement le désert, mais voire même plusieurs déserts durant notre pèlerinage ici-bas. La sanctification fait partie du programme du

Seigneur pour ses enfants, et le désert est un lieu de sanctification. Nous y serons tentés et éprouvés, comme le fut Jésus lorsqu'il dût affronter le Malin (Satan) dans le désert, même si, nous concernant, notre épreuve dans le désert sera vécue avec une moindre mesure que ce qu'a vécu Jésus.

Dans le désert, nous y serons éprouvés par la chaleur de l'épreuve, comme nous le rappelle entre autre, l'apôtre Pierre dans son épître : « ***Mes bien-aimés, ne trouvez pas étrange d'être dans la fournaise de l'épreuve, comme s'il vous arrivait quelque chose d'extraordinaire.*** »(1 Pierre 4 :12)

a) <u>Le temps de l'Ecoute</u>

Mon frère, ma sœur, toi qui traverses des situations difficiles financièrement, dans ton couple, dans ta vie privée, dans ton boulot qui va en s'empirant saches que c'est aussi en ces moments qu'il faut être à l'écoute de Dieu qui t'adressera une parole spécialement pour toi. Il peut le faire directement et indirectement. Le plus important est d'être dans la bonne disposition de cœur pour la recevoir et pour surtout ne pas la mépriser, même de ne pas se mettre à murmurer, à critiquer, à mal parler contre lui,

Deutéronome 1 : 32-35 : « ***Malgré cela, vous n'eûtes point confiance en l'Éternel, votre Dieu, qui allait devant vous sur la route pour vous chercher un lieu de campement, la nuit dans un feu afin de vous montrer le chemin où vous deviez marcher, et le jour dans une nuée. L'Éternel entendit le bruit de vos paroles. Il s'irrita, et jura, en disant : Aucun des hommes de cette génération méchante ne verra le bon pays que j'ai juré de donner à vos pères,*** »

(La sauce est finie, it's finish, il n'y a plus rien à faire, les pleurs d'Esaü n'ont rien changé). Ta bénédiction est unique alors craint et saches lui parler sans le critiquer.

Dieu parle toujours à ses enfants en difficulté. Quel est ce Père digne de ce nom qui se tait quand son enfant souffre ? Dieu peut parler au travers des rêves, des visions, des révélations, dans la prière. Il envoie des paroles de foi, des mots justes et vrais, des paroles donc uniques en son genre même si elles sont simples. Mais la souffrance du cœur de Dieu est que ses enfants ne suivent pas pleinement le chemin de l'Eternel, ils ne l'écoutent pas et ils préfèrent faire à leur tête, c'est-à-dire selon les pensées et les désirs de leur cœur. A des moments Dieu les appelle mais ils ont déjà pris une autre direction, un autre chemin et ils ne lui répondent pas. Alors, Yahvé les rejette de sa face.

Jérémie 7 : 13 : « ***Et maintenant, puisque vous avez commis toutes ces actions, Dit l'Éternel, Puisque je vous ai parlé dès le matin et que vous n'avez pas écouté, Puisque je vous ai appelés et que vous n'avez pas répondu,*** »

Or, Dieu seul connaît le chemin à prendre pour sortir du désert spirituel mais pas l'homme, ni son audace, ni son expérience personnelle.

Pour attirer l'attention de Rebecca Dieu crée une situation inconfortable dans le ventre de celle-ci. Genèse 25, 22-23 dit : « ***Les enfants se heurtaient dans son sein; et elle dit: S'il en est ainsi, pourquoi suis-je enceinte? Elle alla consulter l'Éternel. Et l'Éternel lui dit: Deux nations sont dans ton ventre, et deux peuples se sépareront au sortir de tes entrailles; un de ces peuples sera plus fort que l'autre, et le plus grand sera assujetti au plus petit.*** » En passant par un moment difficile, elle consulta Dieu et en consultant Dieu, elle a eu la grâce d'écouter Dieu et d'avoir une grande révélation.

b) Le temps de l'Agapè-Koinonia Solidarité

Dieu manifeste son amour envers chaque enfant traversant le désert pour prendre soin de lui directement ou en utilisant ses enfants qui le craignent et qui obéissent à sa voix pour le bénir. Deutéronome 1, 31 : « ***puis au désert, où tu as vu que l'Éternel, ton Dieu, t'a porté comme un homme porte son fils, pendant toute***

la route que vous avez faite jusqu'à votre arrivée en ce lieu. »

Ainsi, aucun n'autre enfant ne doit fermer la porte de son cœur à son frère ou à sa sœur dans le besoin quand Dieu lui demande de lui venir en aide. Dieu a invité Israël à prendre soin de toute personne vivant le désert spirituel parce que lui aussi ne devrait pas oublier qu'il a aussi passé par le temps du désert et que l'Eternel a pris soin de lui,

Deutéronome 2, 7 : « ***Car l'Éternel, ton Dieu, t'a béni dans tout le travail de tes mains, il a connu ta marche dans ce grand désert. Voilà quarante années que l'Éternel, ton Dieu, est avec toi: tu n'as manqué de rien.*** »

Dieu seul peut le faire. La solidarité n'est pas seulement matérielle, elle est morale, psychologique, spirituelle, financière, physique, administrative. Quand le chrétien voit que si Dieu était à sa place il agira de telle manière envers tel frère ou telle sœur qui est son enfant en difficulté, lui en retour agira ainsi en lieu et place de Dieu pour le bien, la vie, la guérison. Jésus dit tout ce que vous faîtes à l'un de ces petits c'est à moi que vous le faites.

Il doit donc avoir une mobilisation générale de tous les chrétiens pour chaque enfant de Dieu en difficulté quel que soit ledit problème pour la solution divine. Souvent dans le désert les gens se sentent seuls et finissent par perdre l'amour agapè et la foi en Dieu et en l'Eglise de Jésus-Christ. Comment voulez-vous que Dieu vous bénisse si vous ne bénissez pas avec joie ou ne prenez pas grand soin vos frères et sœurs dans la foi en difficulté.

Deutéronome 8, 13-17 : « ***lorsque tu verras multiplier ton gros et ton menu bétail, s'augmenter ton argent et ton or, et s'accroître tout ce qui est à toi, prends garde que ton cœur ne s'enfle, et que tu n'oublies l'Éternel, ton Dieu, qui t'a fait sortir du pays d'Égypte, de la maison de servitude, qui t'a fait marcher dans ce grand et affreux désert, où il y a des serpents brûlants et des scorpions, dans des***

lieux arides et sans eau, et qui a fait jaillir pour toi de l'eau du rocher le plus dur, qui t'a fait manger dans le désert la manne inconnue à tes pères, afin de t'humilier et de t'éprouver, pour te faire ensuite du bien. Garde-toi de dire en ton cœur : Ma force et la puissance de ma main m'ont acquis ces richesses. »

L'apôtre Jacques nous ce conseil : « ***Si un frère ou une sœur sont nus et manquent de la nourriture de chaque jour, et que l'un d'entre vous leur dise: Allez en paix, chauffez-vous et vous rassasiez! Et que vous ne leur donniez pas ce qui est nécessaire au corps, à quoi cela sert-il ? Il en est ainsi de la foi: si elle n'a pas les œuvres, elle est morte en elle-même.*** » (Jacques 2, 15-17)

II.2. LE DESERT DES HOMMES

1. AU COMMENCEMENT

Dieu, ne voulant pas faire de sa créature un automate, a créé l'homme avec une volonté propre et la liberté de choisir. Mais Adam a choisi de désobéir à Dieu, et ce faisant a placé lui-même et toute sa descendance sous le joug de Satan. C'est pourquoi Jean écrit : « ***le monde entier est sous la puissance du malin.***»(1 Jean 5, 19)

Le mauvais choix de l'homme en Éden a donné à Satan un droit légal sur toute l'humanité. Mais Dieu a pourvu à la libération de l'homme par la foi en Jésus-Christ. Sur le chemin de Damas, Jésus se révèle à Saul de Tarse, et lui dit : « ***Je t'ai choisi du milieu de ce peuple et du milieu des païens, vers qui je t'envoie, afin que tu leur ouvres les yeux, pour qu'ils passent des ténèbres à la lumière et de la puissance de Satan à Dieu, pour qu'ils reçoivent, par la foi en moi, le pardon des péchés et l'héritage avec les sanctifiés.***»(Actes 26, 17-18) Si Dieu laisse Satan accomplir ses mauvais desseins sur la terre, ce n'est certes pas par impuissance, mais, pour un temps, par une stratégie qui lui est propre. Mais il n'en sera pas toujours ainsi, et celui que l'imagination populaire a appelé «le roi de l'enfer» en sera la principale victime : ***«... dans le feu***

éternel qui a été préparé pour le diable et pour ses anges.»(Matthieu 25, 41)

Il est malheureusement fréquent que l'homme, qui s'est volontairement détourné de Dieu, l'accuse et le rende responsable de toutes les catastrophes qui affligent l'humanité. Ces maux ne sont pourtant que le résultat de la loi universelle des «semailles et des moissons», que Paul exprime en ces termes : « ***Ne vous y trompez pas : on ne se moque pas de Dieu. Ce qu'un homme aura semé, il le moissonnera aussi. Celui qui sème pour sa chair moissonnera de la chair la corruption; mais celui qui sème pour l'Esprit moissonnera de l'Esprit la vie éternelle.***»(Galates 6, 7-8)

2. DANS LE DESERT

Dans le désert, Dieu après avoir conclu une alliance avec son peuple, donna les instructions à Moïse et à la fin de toutes les instructions, il ajouta ce qui suit : « ***Vois, je mets aujourd'hui devant vous la bénédiction, si vous obéissez aux commandements de l'Eternel, votre Dieu, que***

je vous prescris en ce jour ; la malédiction, si vous n'obéissez pas aux commandements de l'Eternel, votre Dieu, et si vous vous détournez de la voie que je vous prescris en ce jour, pour aller après d'autres dieux que vous ne connaissez point. »*(Deutéronome 11, 26-28)*

a) L'infidélité de l'homme peut être à la source de désolation

« ***Mais, puisque Celui qui vous a appelés est Saint, vous aussi soyez saints dans toute votre conduite.*** »*(1 Pierre 1,15)* Le Chrétien doit s'efforcer d`avoir constamment une conscience sans reproche devant Dieu et devant les hommes.

Actes 24, 16 : « ***C'est pourquoi je m'efforce d'avoir constamment une conscience sans reproche devant Dieu et devant les hommes.*** »

b) Qui est l'infidélité ?

Un infidèle est une personne qui n'est pas fidèle, qui trahit son engagement. Une personne inconstante dans le service d'autrui, qui ne se conforme pas à la vérité.

Un conjoint qui a trompé l'Autre ou ne le respecte pas. Celui ou celle qui ne reconnaît pas Dieu... et aussi celui qui Lui est rebelle !

c) ***L'infidélité ne se résume pas qu'entre Êtres humains. Elle concerne aussi la relation entre Dieu et l'Homme.***

Mais soyons positifs et voyons ce qu'est être fidèle.

Un fidèle est une personne constante dans ses choix, qui est profonde et exclusive. C'est le souci de la foi donnée, qui est respectueux de sa parole, de ses engagements. « ***Son maître lui dit: C`est bien, bon et fidèle serviteur; tu as été fidèle en peu de chose, je te confierai beaucoup; entre dans la joie de ton maître.*** » (Matthieu 25, 23)

Celui qui respecte l'engagement pris envers la personne aimée de lui être exclusivement attaché(e). Qui respecte la foi conjugale. Qui vit au plus près de Dieu !

La fidélité entre Époux n'est pas seulement « ***Que le mariage soit honoré de tous,***

et le lit conjugal exempt de souillure, car Dieu jugera les impudiques et les adultères. » (Hébreux 13, 4) Mais la Fidélité conjugale c'est aussi : « ***Que le mari rende à sa femme ce qu'il lui doit, et que la femme agisse de même envers son mari.*** »(1 Corinthiens 7, 3)

Et la fidélité à Dieu peut être très proche de celle entre couple puisqu'il est dit en Esaïe 54:5 : « ***Car ton créateur est ton époux. L'Éternel des armées est Son Nom.*** »

C'est celui qui viole la fidélité à Dieu, idolâtre. Jacques 4, 4 déclare : « ***Adultères que vous êtes ! Ne savez-vous pas que l'amour du monde est inimitié contre Dieu? Celui donc qui veut être ami du monde se rend ennemi de Dieu.*** » Dans Jérémie le mot infidèle est souvent prononcé. Et en Jérémie 3:9 « ***Par sa criante impudicité Israël a souillé le pays, elle a commis un adultère avec la pierre et le bois.*** »

d) L'Adultère concerne non pas seulement le couple mais aussi les actions corruptrices envers Dieu.

L'infidélité, l'idolâtrie et l'adultère contre Dieu peuvent être pardonnés en son fils Jésus : « ***Sachez que le Fils de l'homme a sur la terre le pouvoir de pardonner les péchés.*** » (Marc 2, 10)

3. UN TEMPS DANS CE DESERT

a) Le temps de demander Pardon.

Demander pardon à Dieu est la première étape, mais elle est intimement liée à une démarche semblable envers les personnes lésées. Nous pouvons résumer la démarche ainsi :

- Si j'ai offensé Dieu seul, je lui en demande pardon.

Daniel 9, 9 : « ***Auprès du Seigneur, notre Dieu, la miséricorde et le pardon, car nous avons été rebelles envers lui.*** »

Psaumes 25, 11 : « ***Comme des pommes d'or sur des ciselures d'argent, Ainsi est une parole dite à propos.*** »

- Si j'ai offensé une personne, je demande pardon à Dieu et à la personne concernée.

Marc 11, 25-26 : « ***et, quand il arrive, il la trouve balayée et ornée. Alors il s'en va, et il prend sept autres esprits plus méchants que lui; ils entrent dans la maison, s'y établissent, et la dernière condition de cet homme est pire que la première.*** »

- Si j'ai offensé un groupe de personnes, je demande pardon à Dieu et au groupe concerné.

Matthieu 6, 12 : « ***pardonne-nous nos offenses, comme nous aussi nous pardonnons à ceux qui nous ont offensés;*** »

b) Comment demander pardon?

Quand vous avez décidé de réparer une faute, faites-le :

- **Avec simplicité**; dites par exemple: «J'ai décidé de mettre ma vie en ordre; c'est moi qui ai crevé les pneus de votre voiture l'an dernier. J'en suis sincèrement désolé et je suis venu vous demander pardon et rembourser vos frais (ou: je ne peux vous rembourser en une seule fois, mais je m'engage à le faire en partie maintenant, puis par mensualités).»

- **Avec honnêteté**: par exemple : «Je fais partie de ceux qui ont entraîné votre fils dans la drogue; j'en suis aujourd'hui très triste, j'en ai honte et vous demande sincèrement pardon. Je ne peux pas revenir en arrière, mais je voulais que vous sachiez que je reconnais mes torts et que je ferai tout à l'avenir pour mener une vie différente.» N'appelez pas votre faute une faiblesse, nommez votre péché par son nom: «Je vous ai menti, je vous ai volé...», ne vous excusez pas, demandez pardon.
- **Avec humilité** : la bible dit « ***si mon peuple sur qui est invoqué mon nom <u>s'humilie</u>, prie, et cherche ma face, et s'il se détourne de ses mauvaises vois, je l'exaucerai des cieux, je lui pardonnerai***

son péché, et je guérirai son pays »
(2 Chroniques 7, 14).

Sommes-nous, tout un chacun, sans tâche et sans reproche ?...

II.3. LE DESERT DE SATAN

1 Pierre 5, 8-9 : « ***Soyez sobres, veillez. Votre adversaire, le diable, rôde comme un lion rugissant, cherchant qui il dévorera. Résistez-lui avec une foi ferme, sachant que les mêmes souffrances sont imposées à vos frères dans le monde*** ».

Beaucoup se sont toujours posé la question de savoir Est-ce ce toujours Dieu qui impose toutes les souffrances ? A maintes reprises, Dieu répond à cette question à travers le livre de Jean 10, 10 qui dit : « ***Le voleur ne vient que pour dérober, égorger et détruire*** ».

Il ne peut pas voler à un païen parce que celui-ci lui appartient. Le païen a pour père le diable comme le confirment les Saintes Ecritures dans Jean 8, 44. Il est écrit : « **Pourquoi ne comprenez-vous pas mon langage? Parce que**

vous ne pouvez écouter ma parole. Vous avez pour père le diable, et vous voulez accomplir les désirs de votre père. Il a été meurtrier dès le commencement, et il ne se tient pas dans la vérité, parce qu'il n'y a pas de vérité en lui. Lorsqu'il profère le mensonge, il parle de son propre fonds; car il est menteur et le père du mensonge ». Et par là, nous avons compris que « Le païen n'étant qu'une créature de Dieu et non pas enfant de Dieu, il a donc pour père le diable et son étoile appartient à Satan, aux démons, aux sorciers et à tous les esprits dominateurs. »

La Bible dans Ephésiens 12 nous avertit que « ***... nous n'avons pas à lutter contre la chair et le sang, mais contre les dominations, contre les autorités, contre les princes de ce monde de ténèbres, contre les esprits méchants dans les lieux célestes*** ». Cette parole s'adresse à la personne qui est née de nouveau. Bien plus Jésus-Christ dit dans Matthieu 21:21 « ***... si vous aviez de la foi et que vous ne doutiez point, non seulement vous feriez ce qui a été***

fait à ce figuier, mais quand vous diriez à cette montagne: Ote-toi de là et jette-toi dans la mer, cela se ferait ».

Quand les Hébreux sont partis de la terre d'esclavage d'Egypte, ils ont dit à Pharaon qu'ils allaient offrir des sacrifices à Dieu. En réalité, ce n'était qu'un prétexte ; car arrivés au désert, ils ont plutôt fait le contraire et, après avoir été délivrés de la main Egyptienne, ils ont commencé la rébellion.

C'est également ce qui arrive aux enfants de Dieu. Dès que celui-là reçoit le Seigneur, il est délivré du péché d'Adam et Eve. Et, comme le démon sait qu'il a échappé à la souffrance, il va commencer à tendre des pièges qui le conduiront sur le chemin de la rébellion, afin de ramener la souffrance dans sa vie.

Les Hébreux étaient déjà délivrés de la souffrance de la servitude Egyptienne, mais ils devaient également être délivrés de la souffrance imposée par Satan selon Exode 5 :1-8 : « ***Moïse et Aaron se rendirent ensuite auprès de Pharaon,***

et lui dirent: Ainsi parle l'Eternel, le Dieu d'Israël: Laisse aller mon peuple, pour qu'il célèbre au désert une fête en mon honneur... Vous ne donnerez plus comme auparavant de la paille au peuple pour faire des briques; qu'ils aillent eux-mêmes se ramasser de la paille. Vous leur imposerez néanmoins la quantité de briques qu'ils faisaient auparavant, vous n'en retrancherez rien; car ce sont des paresseux; voilà pourquoi ils crient, en disant: Allons offrir des sacrifices à notre Dieu!».

Quand Moïse et Aaron se sont présentés devant Pharaon, c'était pour obtenir la permission d'aller offrir des sacrifices à Dieu, afin que l'épée et les maladies ne frappent point le peuple Hébreux. Il en est autant pour toi ; une fois que tu as offert ton corps comme sacrifice à Dieu, il est impossible que tu sois frappé d'un fléau quelconque.

Il faut offrir des sacrifices à Dieu pour que la pauvreté, la misère, les maladies incurables et même la colère de Dieu ne te touchent pas. Cette vision et ces enseignements datent de l'Ancien Testament. Moïse les a reçus de l'Eternel lui-même et il les a transmis au peuple.

Dans Exode 6 :1-9, il est écrit : « ***L'Eternel dit à Moïse: Tu verras maintenant ce que je ferai à Pharaon; une main puissante le forcera à les laisser aller, une main puissante le forcera à les chasser de son pays... Je vous ferai entrer dans le pays que j'ai juré de donner à Abraham, à Isaac et à Jacob; je vous le donnerai en possession, moi l'Eternel. Ainsi parla Moïse aux enfants d'Israël. Mais l'angoisse et la dure servitude les empêchèrent d'écouter Moïse*** ».

La pauvreté, la misère, l'angoisse sont dues au manque de foi. Le diable, les sorciers t'imposent ces choses (les maladies, la misère, les envoûtements...) afin de t'empêcher d'écouter le leader. Il est écrit dans Exode 6 : 10-13 : « ***L'Eternel parla à Moïse, et dit: Va, parle à Pharaon, roi d'Egypte, pour qu'il laisse aller les enfants d'Israël hors de son pays. Moïse***

répondit en présence de l'Eternel: Voici, les enfants d'Israël ne m'ont point écouté; comment Pharaon m'écouterait-il, moi qui n'ai pas la parole facile? L'Eternel parla à Moïse et à Aaron, et leur donna des ordres au sujet des enfants d'Israël et au sujet de Pharaon, roi d'Egypte, pour faire sortir du pays d'Egypte les enfants d'Israël ». Dieu donne des instructions pour les enfants d'Israël, cela signifie que chaque enfant de Dieu doit mener un combat, pour sortir de la servitude. Malheureusement, certains, par manque de foi, baissent les bras.

Le manque de foi est également synonyme de refus d'écouter le leader, d'incrédulité. Et, s'il y a l'incrédulité, la servitude perdurera, même si l'on est délivré du péché d'Adam et Eve. Malgré les miracles que Dieu a opérés devant les enfants d'Israël en les guérissant des dix plaies pour qu'ils aient la foi, la majorité est restée incrédule.

Plusieurs de mes compatriotes restent aussi de la sorte insensibles aux miracles que Dieu opère dans mon pays parce qu'ils subissent une souffrance imposée et sont dans la servitude. Ils ne croient même pas aux différents témoignages des merveilles du Christ. Quand la souffrance t'est imposée, tu ne peux plus écouter, comme le précisent les Saintes Ecritures, au verset 9 du livre d'Exode chapitre 6 qui stipule que « ***..l'angoisse et la dure servitude les empêchèrent d'écouter Moïse*** ».

C'est exactement ce qui se passe aujourd'hui partout en Afrique et dans notre pays la République Démocratique du Congo. La souffrance a envahi tellement le monde que les sorciers font souffrir les gens par les blocages, les couches de nuits et que sais-je encore ? L'humanité est complètement envoûtée au point où personne ne veut entendre parler de l'évangile encore moins de la nouvelle naissance. C'est incroyable voire même impensable ! Ceux qui sont nés de nouveau et destinés à sortir d'Egypte, n'arrivent toujours pas à la terre promise. C'est cela le grand mal.

La Bible dans Exode 12 :37-42 dit: « ***Les enfants d'Israël partirent de Ramsès pour Succoth au nombre d'environ six cent mille hommes de pied, sans les enfants... Cette nuit sera célébrée en l'honneur de l'Eternel, parce qu'il les fit sortir du pays d'Egypte; cette nuit sera célébrée en l'honneur de l'Eternel par tous les enfants d'Israël et par leurs descendants*** ». Tu es la descendance de ces enfants d'Israël parce que tu es une descendance d'Abraham. Tu dois donc célébrer ta sortie des souffrances imposées, de la servitude. Cela doit commencer par la foi.

Cela signifie qu'à partir d'aujourd'hui, tu es désormais sorti de la maladie, du célibat, de la stérilité, du chômage, de toutes sortes de souffrances imposées et, dès cet instant, tu dois changer de langage et considérer le diable comme un esprit vaincu qui n'a plus de puissance sur toi, car Jésus-Christ a dit : « ***... je vous ai donné le pouvoir de marcher sur les serpents et les scorpions, et sur toute la puissance de***

l'ennemi; et rien ne pourra vous nuire »(Luc 10, 19). Dès à présent, aucun esprit démoniaque dans le monde ne pourra plus te toucher.

1. DEUX TEMPS DANS CE DESERT

Exode 23, 24 : « ***Mon ange marchera devant toi, et te conduira chez les Amoréens, les Héthiens, les Phéréziens, les Cananéens, les Héviens et les Jébusiens, et je les exterminerai. 24 Tu ne te prosterneras point devant leurs dieux, et tu ne les serviras point; tu n'imiteras point ces peuples dans leur conduite, mais tu les détruiras, et tu briseras leurs statues.*** »

Dieu n'est pas descendu pour détruire à leur place, mais il leur a ordonné de le faire eux-mêmes. De même que toi, si tu comprends que le désert que tu es entrain de traverser ne vient pas de Dieu, tu dois te lever pour détruire et briser l'œuvre de Satan.

a) Le temps de Guerre spirituelle

Le temps du désert spirituel dans la vie d'un enfant de Dieu est le début d'une guerre spirituelle déclenché par l'adversaire du chrétien ou de la chrétienne. Tout enfant de Dieu a des adversaires qu'il ou qu'elle le veuille ou non. Cela est dans le principe des choses spirituelles et bibliques. Ainsi, lorsqu'un enfant de Dieu s'aperçoit d'un temps de désert traverser sa vie, il doit automatiquement se rendre compte qu'il est dans une guerre spirituelle contre les méchants ou les esprits méchants. C'est une guerre qui peut durer quelquefois toute une vie si dès le départ le chrétien n'est pas instruit de ces choses.

L'adversaire, son fils marcheront pas avec le chrétien mais contre lui. Le secret de toute guerre spirituelle est de s'appuyer sur Dieu, de chercher secours auprès de lui et non des divinités, des puissances, des hommes. Il y'a des gens qui font des voyages pour aller se ressourcer avec les ténèbres et non pas avec Dieu.(Jérémie 17 : 5-8)

Les prières faites par le chrétien dans les temps de guerre liés au désert spirituel doivent confesser la souveraineté de Dieu seul, lui accorder la première place. Les dires de l'enfant de Dieu ne doivent pas reposer sur un homme ou les hommes mais sur son Dieu qui est aussi son roi. A partir du moment où Dieu est le Gouverneur de ta vie laisses-le en toute confiance diriger le combat pour toi : son Nom est l'Eternel le Dieu des Armées. (1 Samuel 17 : 35, 37, 39-40, 45-47)

Laisses Dieu de donner les armes qu'il faut pour une victoire rapide et totale, aies en priant des paroles de foi puissantes de victoire en gardant et en serrant dans ton cœur durant tout le temps du combat cette parole : « ***LA VICTOIRE APPARTIENT A L'ETERNEL***». Pars toujours au combat en ayant à cœur que Dieu t'a déjà livré ton ennemi ou tes ennemis. N'aies donc pas peur, je le dis ne vous épouvantez pas car Dieu marche devant toi pour combattre lui-même pour toi. Adonaï est avec toi et ta famille.(Deutéronome 2 : 36)

Et n'oublies pas ceci Dieu honore celui qui l'honore dans le combat spirituel et qu'il est celui qui n'a jamais connu de défaite dans la guerre spirituelle.

b) Le temps de Louange à Dieu

La Bible nous rappelle que ***toutes choses concourent au bien de ceux qui aiment Dieu***. Que le chrétien doit être toujours, tous les jours joyeux, il doit prier sans cesse et qu'il doit aussi rendre grâce à Dieu en toutes choses car c'est à son égard la volonté de Dieu ce temps de désert qu'il traverse. Dieu ne laissera jamais ses enfants mourir de faim quand entre eux ils appliquent l'amour agapè.

Un temps de louange dans le désert spirituel parce que le Dieu qu'il sert est par nature bon, bienveillant et dont la miséricorde dure à toujours, « ***sachez que l'Eternel est Dieu, il est le roi, il est bon*** ».

Dieu nous fait sortir d'Egypte par sa main puissante, nous fait passer par le désert pour être tenter avant de nous faire entrer à Canaan.

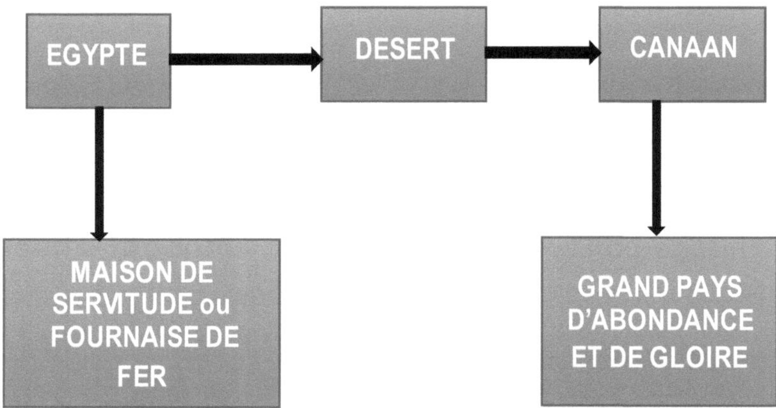

On entre dans le désert par une porte (la traversée de la mer rouge) et la porte de sortie (la traversée du Jourdain).

Souvent Dieu nous fait passer dans le désert afin de répondre aux 3 préoccupations suivantes :

1) ***L'homme ne vivra pas du pain seulement, mais de toute parole qui sort de la bouche de Dieu,*** c'est-à-dire renoncer à soi-même, pour vivre selon Dieu.

Matthieu 4,4 : « ***Jésus répondit: Il est écrit: L'homme ne vivra pas de pain seulement, mais de toute parole qui sort de la bouche de Dieu.*** »

Deutéronome 8, 3 : « ***Il t'a humilié, il t'a fait souffrir de la faim, et il t'a nourri de la manne,***

que tu ne connaissais pas et que n'avaient pas connue tes pères, afin de t'apprendre que l'homme ne vit pas de pain seulement, mais que l'homme vit de tout ce qui sort de la bouche de l'Éternel. »

2) Ne dépendre que de Dieu, rien que de lui.

Exode 32,1-11 : « ***L'Éternel parla à Moïse, et dit: Sache que j'ai choisi Betsaleel, fils d'Uri, fils de Hur, de la tribu de Juda. Je l'ai rempli de l'Esprit de Dieu, de sagesse, d'intelligence, et de savoir pour toutes sortes d'ouvrages, je l'ai rendu capable de faire des inventions, de travailler l'or, l'argent et l'airain, de graver les pierres à enchâsser, de travailler le bois, et d'exécuter toutes sortes d'ouvrages.*** »

3) La gloire du monde, la jouissance du monde sans Dieu.

Matthieu 4, 8-9 : « ***Le diable le transporta encore sur une montagne très élevée, lui montra tous les royaumes du monde et leur gloire, et lui dit: Je te donnerai toutes ces choses, si tu te prosternes et m'adores.*** »

De fois, Dieu nous laisse traversé un désert c'est-à-dire des moments durs pour nous instruire et nous donner une direction parce que nous avons demandé son avis dans telle ou telle autre chose.

Genèse 16, 7-13 : « ***L'ange de l'Éternel la trouva près d'une source d'eau dans le désert, près de la source qui est sur le chemin de Schur. Il dit: Agar, servante de Saraï, d'où viens-tu, et où vas-tu? Elle répondit: Je fuis loin de Saraï, ma maîtresse. L'ange de l'Éternel lui dit: Retourne vers ta maîtresse, et humilie-toi sous sa main. L'ange de l'Éternel lui dit: Je multiplierai ta postérité, et elle sera si nombreuse qu'on ne pourra la compter. L'ange de l'Éternel lui dit: Voici, tu es enceinte, et tu enfanteras un fils, à qui tu donneras le nom d'Ismaël; car l'Éternel t'a entendue dans ton affliction. Il sera comme un âne sauvage; sa main sera contre tous, et la main de tous sera contre lui; et il habitera en face de tous ses frères. Elle appela Atta-El-roï le nom de***

l'Éternel qui lui avait parlé; car elle dit: Ai-je rien vu ici, après qu'il m'a vue? »

De fois, pour nous juger.

Ezéchiel 20, 36 : « ***Comme je suis entré en jugement avec vos pères dans le désert du pays d'Égypte, ainsi j'entrerai en jugement avec vous, dit le Seigneur, l'Éternel.*** »

De fois pour te faire entrer dans ton héritage qui t'attends même dans le désert. Votre frontière s'étendra du désert au Liban.

Deutéronome 11, 24 : « ***Tout lieu que foulera la plante de votre pied sera à vous: votre frontière s'étendra du désert au Liban, et du fleuve de l'Euphrate jusqu'à la mer occidentale.*** »

Vous aurez pour territoire du désert.

Josué 1, 4 : « ***Vous aurez pour territoire depuis le désert et le Liban jusqu'au grand fleuve, le fleuve de l'Euphrate, tout le pays des Héthiens, et jusqu'à la grande mer vers le soleil couchant.*** »

Chapitre III :

LES DEUX EPREUVES DANS LA TRAVERSEE DU DESERT

Deutéronome 1, 2 : « ***Il y a onze journées depuis Horeb, par le chemin de la montagne de Séir, jusqu'à Kadès-Barnéa.*** »

"La traversée du désert" est une expression devenue populaire pour désigner une tranche de vie difficile ou une épreuve de longue durée dont on espère sortir. "Traverser" le désert implique que l'on y entre et que l'on en sort ensuite à l'autre bout. Parce qu'elle est une épreuve-type, la traversée du désert par Israël éclaire les épreuves de notre vie avec le Seigneur. Chaque épreuve personnelle a ceci de bon: les enseignements reçus par son moyen nous marquent d'une façon durable, voire définitive.

Distinctions fondamentales: La traversée du désert par Israël comporte non une épreuve, mais deux épreuves distinctes, très différentes par leur nature. Rien de commun entre les deux, hormis leur lieu géographique (le désert) et la sauvegarde des promesses inconditionnelles de Dieu. La charnière entre les deux, c'est la révolution de Kadès Barnéa.(Deutéronome 1,21-46)

Sur le critère de la communion avec le Seigneur, on peut distinguer :

- Les épreuves que l'on subit en accord avec Dieu, dans la communion avec lui, la main dans la main: c'est la première partie du désert.
- Les épreuves que l'on subit en conflit avec Dieu: c'est la seconde partie du désert.

Voyons-les séparément:

III.1. D'EGYPTE A KADES BARNEA

Cette épreuve n'était pas la conséquence d'une désobéissance particulière. Dieu avait en vue la délivrance du peuple, sa libération d'un esclavage injuste et cruel. Le désert, c'était d'abord la libération, puis la liberté, et à ce titre il est l'image la plus classique de la conversion, ce qui suggère fortement que la conversion est une épreuve ou va de pair avec une épreuve. Effectivement, les conversions se produisent souvent dans la souffrance, les dangers, comme la sortie d'Egypte. (Du reste, peut-il exister des conversions sans souffrances?) Mais ces souffrances seront des tribulations en communion avec le Seigneur, car il nous fera très tôt la grâce de souffrir pour lui: on aura des difficultés venant de l'ennemi, de personnes qui nous touchent de près aussi, voire de nous-mêmes.

Lorsque le peuple d'Israël entre au désert, ce sera approximativement pour un an et demi, selon le conseil de Dieu. Après avoir échappé à Pharaon, il bénéficiera d'un temps de retraite pendant lequel il pansera les blessures de l'esclavage. Il goûtera une liberté inconnue auparavant, il pourra jouir de son affranchissement, ainsi que de la sollicitude de l'Eternel, pour acquérir une unité nationale avec Dieu comme roi, et se préparer spirituellement à la conquête de Canaan. "Spirituellement" car il n'avait même pas besoin d'armes de qualité pour la conquête, ni d'entraînement militaire, puisque Dieu combattait avec lui, parfois même à sa place.

Dans certains cas, comme la traversée de la mer, le peuple n'avait qu'à contempler la défaite spectaculaire de l'ennemi.

Il devra aussi recevoir la Loi, contracter avec Dieu une alliance solennelle, se structurer administrativement, construire la tente de la rencontre, acquérir la connaissance de Dieu, c'est-à-dire recevoir la révélation de son être, de son optique et de ses exigences, de ce qui lui plaît et lui déplaît, de la façon d'obtenir son pardon et de s'approcher de lui.

Ce "***séjour***" au désert permettait l'adaptation à une nouvelle vie, de la même façon qu'à la conversion on découvre le Sauveur et la vie éternelle.

Au travers d'événements bouleversants, Dieu révélera que le peuple est toujours pécheur. Tous ses faux pas ont contribué à cette révélation. C'était une période d'école et d'examen spirituels, qui démontre que toute bénédiction reçue (dont le salut) est une épreuve qui manifestera notre comportement. En serons-nous reconnaissants, humbles, orgueilleux, méprisants, désireux de dominer les autres ou de partager avec eux? Tous les cas de figures existent. Dans notre vie, tous les épisodes, agréables ou désagréables, auront servi à révéler notre cour.

Les bénédictions révélatrices de la cour et de la foi du peuple furent: la dernière plaie d'Egypte, la traversée de la mer des Roseaux à pied sec, l'anéantissement des Egyptiens dans les flots, les dons de l’eau, de la viande et de la manne. Mais le peuple a eu peur de l'armée égyptienne, il a maugréé pour l'eau et la nourriture, il a adoré le veau d'or. Chaque fois Dieu lui a pardonné et a maintenu sa promesse de lui donner le pays promis. Le maintien de cette promesse toujours d'actualité, conforte la certitude du salut: en effet, quels que furent ses crimes, le peuple héritera inéluctablement de Canaan, tout comme le disciple inconséquent du Seigneur sera discipliné autant que nécessaire afin de recevoir le salut sans porter atteinte à la sainteté de Dieu.

Avec un tel programme de conversion (!) la traversée du désert (en principe onze jours de marche) a duré plus d'un an. C'était nécessaire et ce temps était réduit au minimum. En arrivant à Kadès-Barnéa, c'est la fin de cette épreuve passionnante et glorieuse. Vous êtes arrivés, dit l'Eternel, prenez possession du pays.

Deutéronome 1, 21 : « ***Vois, l'Éternel, ton Dieu, met le pays devant toi; monte, prends-en possession, comme te l'a dit l'Éternel, le Dieu de tes pères; ne crains point, et ne t'effraie point.*** »

Dans cette épreuve, Israël révèle son incrédulité. Il refuse catégoriquement d'entrer dans le pays: c'est une révolte à main levée contre l'Eternel, une révolution.

Nombres 15, 30 : « ***Mais si quelqu'un, indigène ou étranger, agit la main levée, il outrage l'Éternel; celui-là sera retranché du milieu de son peuple.*** »

L'Eternel, qui ne supporte ni l'incrédulité ni la rébellion, lui donne l'ordre de retourner dans le désert jusqu'à la fin de la quarantième année, jusqu' à ce que tous les guerriers rebelles soient morts. Mais les guerriers refusent de faire demi-tour, ils partent seuls à l'assaut du pays et sont battus à plate couture. Cette épreuve devait pourtant avoir une fin glorieuse pour le peuple comme pour l'Eternel.

A Kadès, Israël a manifesté son inaptitude à la conquête, non pas faute de capacités, puisque c'est Dieu qui distribue les capacités, mais faute de foi et d'obéissance.

III.2. DE KADES BARNEA A CANAAN

C'est la seconde épreuve du désert, une épreuve non pas de bénédiction, mais de jugement. Ce n'est plus une simple traversée, mais une errance interminable. Pour les combattants, l'issue n'en sera pas le pays de la promesse, mais la mort, sans avoir vu le pays promis.

Cette épreuve durera 38 ans, soit presque 30 fois plus que l'épreuve de bénédiction. La différence de temps est significative, car lorsqu'on souffre en accord avec le Seigneur, l'épreuve est mesurée et limitée à nos forces. C'est pourquoi il est écrit: Les tentations que vous avez connues ont toutes été de celles qui se présentent normalement aux hommes... Dieu ne permettra pas que vous soyez tentés au-delà de votre capacité de résistance; mais au moment où surviendra la tentation, il vous donnera la force de la supporter et aussi le moyen d'en sortir.

1 Corinthiens 10, 13 : « ***Aucune tentation ne vous est survenue qui n'ait été humaine, et Dieu, qui est fidèle, ne permettra pas que vous soyez tentés au-delà de vos forces; mais avec la tentation il préparera aussi le moyen d'en sortir, afin que vous puissiez la supporter.*** »

Au contraire, lorsque nous souffrons à cause de notre incrédulité ou d'un mauvais comportement, l'épreuve persiste le temps nécessaire, parce qu'elle doit nous vaincre, afin que Dieu soit glorifié en remplissant son contrat à l'égard de notre salut. Mais dans cette hypothèse, la sollicitude de l'Eternel persiste également: les

Israélites ont continué de recevoir la manne et l'eau; leurs chaussures et leurs vêtements ne se sont pas usés et leurs pieds n'ont pas enflé. Nous savons que cette épreuve dans le conflit avec Dieu a bien fini pour le peuple. Ce principe de l'école divine, qui nous concerne, se retrouve tout au long de l'histoire d'Israël et justifie l'avenir terrestre glorieux du Messie de Jérusalem et du peuple d'Israël.

La traversée du désert par Israël est une image remarquable de notre traversée personnelle de la vie terrestre.

Car on peut toujours faire le parallèle entre le peuple d'Israël et un chrétien, ou un homme que Dieu appelle. C'est ce que nous ferons. Selon ce principe, la vie de chaque homme est aussi un voyage probatoire et d'apprentissage spirituel.

Pendant leur vie, les descendants d'Adam sont éprouvés par un examen spirituel. Tous ont naturellement le sentiment de l'éternité, de l'infini, d'une nouvelle vie et ils choisissent de chercher Dieu ou de le fuir, de le croire ou de le nier, de pratiquer la justice ou l'injustice.

Le Seigneur trouvera des gens comme Moïse, Josué ou Caleb, et aussi des gens comme les vaincus du désert. Les vainqueurs ne seront pas les plus doués, les plus capables, les moralistes, les beaux discoureurs, mais plutôt les humbles qui auront reconnu leur misère spirituelle et mettront leur confiance en Dieu. Les chances sont égales pour tous dans le domaine spirituel. De prétendus disciples seront perdus, comme Judas et des enfants de chrétiens, tandis que des brigands et des enfants d'incrédules seront sauvés.

Les élus seront passés par les épreuves très variées qui auront jalonné leur vie terrestre, et je prie pour l'issue de mes épreuves et celles de mes amis, fussent-elles douloureuses ou glorieuses.

S'il nous arrive de passer par une épreuve, contrairement aux épreuves sportives et autres compétitions qui servent de spectacles, le

Seigneur et nous seuls en connaissons la nature et la raison. Parlons-en au Seigneur, et éventuellement à qui pourrait nous aider. Plaidons avec le Seigneur, et ne nous laissons pas complètement écraser par ceux qui font mine de nous juger, de se moquer, de se mettre en colère, voire de moraliser comme les consolateurs fâcheux de Job, cet Arabe exemplaire.

Parce que nous ne savons: pas de quoi demain sera fait, voici un dernier verset d'encouragement et une réflexion. Le verset : Toute correction (donc épreuve conflictuelle), il est vrai, paraît être au premier abord un sujet de tristesse et non de joie; mais plus tard elle procure un fruit paisible de justice à ceux qu'elle a formés.

Hébreux 12, 11 : « ***Il est vrai que tout châtiment semble d'abord un sujet de tristesse, et non de joie; mais il produit plus tard pour ceux qui ont été ainsi exercés un fruit paisible de justice.*** »

Cela veut dire qu'il existe une compensation pour les vainqueurs de l'épreuve.

Une fois l'affliction terminée, nous comprenons son utilité. Et nous voyons que les vraies valeurs, celles qui subsistent éternellement, ne sont pas les valeurs habituelles du monde, mais celles du Seigneur, que nous comprenons mieux ensuite.

Et voici la réflexion: "Le pire dans une épreuve, c'est qu'elle soit inutile". Vous vous rendez compte: lutter pour rien, souffrir pour rien ? A Kadès, les Juifs ont envoyé des espions en Canaan: ce n'était pas le conseil de Dieu. Cette mission d'espionnage apparaît comme une épreuve inutile, car elle a conduit le peuple à la révolte: ils auraient dû marcher par la foi, sans vouloir contrôler au préalable la valeur de la promesse de l'Eternel. En revanche, l'épreuve terrible de 38 ans a été utile, malgré son contexte conflictuel. En effet, les enfants des rebelles se comporteront bien quand leur tour viendra de conquérir Canaan, ce qui laisse penser que les guerriers défaillants se sont repentis et ont bien enseigné leurs enfants.

Enfin, pour cerner notre responsabilité: quelle que soit la nature de l'épreuve (en communion ou en conflit avec Dieu), ce sont les personnes éprouvées qui décident de l'efficacité de l'épreuve. C'est la règle dans le domaine spirituel: de la même manière que nul ne sera sauvé ou perdu par la décision d'un autre que lui-même, ce sont les intéressés qui décident si leur épreuve sera utile ou non.

Chapitre IV :

POURQUOI DOIT-ON PASSER PAR LE DESERT ?

Cette question a déjà trouvé des réponses dans nos exposés précédents, mais ici, c'est juste pour plus de précision.

- Deutéronome 8, 2-s : pour savoir quelles étaient les dispositions de ton cœur. Genèse 6, 5-s ...les pensées de leurs cœurs se portaient chaque jour vers le mal.
- Proverbes 4, 23 : garde ton cœur plus que toute autre chose car de lui viennent les sources de la vie.
- Jérémie 17, 9 : le cœur est tortueux[1] par-dessus tout, et il est méchant : qui peut le connaître ?
- 1 Samuel 10, 9 : Dis que Saül eut tourné le dos pour se séparer de Samuel, Dieu lui donna un autre Cœur et tous ces signes s'accomplirent le même jour.
- Ezéchiel 36, 26-29 : conséquence d'un cœur nouveau : possession du pays et délivrance.

---

[1] Le mot tortueux veut dire trompeur

Le désert étant une école des chrétiens pour qu'ils deviennent matures, c'est à dire des gens qui sont passés du lait à la nourriture solide.

Pendant les épreuves ou la traversée du désert de fois les gens ne pourront pas te comprendre ; ni ton mari, ni ta femme, y compris tes enfants, voire même tes frères et sœurs dans le seigneur...personne ne peut te comprendre.

La femme de Job, lui dit : Maudit Dieu et meurt. La bible dit dans cela, Job ne pécha point. De même que toi, ne te fabrique pas des solutions. Comme Sarah donnant à Abraham une solution problématique.

La bible déclare ; ...Dieu marchait devant eux la journée dans une colonne de nuée et la nuit dans une colonne de feu.

Pendant le moment de vache maigre, Dieu veut que les dispositions de ton cœur ne puissent dépendre que de lui.

La première instruction que Dieu avait donné aux juifs pendant leur marche dans le désert était sur :

- La pâque : le passage ou la résurrection (le cœur doit connaître un changement)
- La consécration de tout premier né.

IV.1. AFIN DE T'APPRENDRE

Deutéronome 8, 3

Paul dit en écrivant aux Philippiens (chapitre 4, 12-13) En tout et partout j'ai appris à être rassasié et à avoir faim...

Tu dois retenir une leçon de Dieu à travers le moment de turbulence et de souffrance.

- Genèse 16, 7-18...L'ange lui dit : « Retourne vers ta maîtresse, et humilie toi sous sa main ». C'est-à-dire tu dois apprendre la notion de l'humilité et te rabaissé jusqu'à ce que ta gloire arrive.
- Jonas 2, 9 : Dans la vertu du poisson, il conclut : « Ceux qui s'attachent à de vaines idoles éloignent d'eux la miséricorde ». Le salut vient de l'Eternel.
- Job 42, 2-3 : Je reconnais que tu peux tout, et que rien ne s'oppose à tes pensées. Quel

est celui qui a la folie d'obscurcir mes desseins ?

Les anges ne peuvent pas venir à ton service si tu n'as pas maîtrisé la leçon de Dieu.

La leçon que Dieu veut que tu apprennes est :

- Soit tenace,
- Soit persévérant,
- Soit fort (e),
- Ne perd pas la foi,
- Espère en Dieu,

Soit comme les compagnons de Daniel, tout en ayant l'assurance, car la fournaise de feu ne pourra pas te consumer, mais elle va permettre à ce que l'on adore ton Dieu.

Ait l'assurance comme Daniel lui-même, la fosse au lion ne va pas te dévorer, mais c'est pour que le Roi change d'avis afin que tes ennemis soient détruits. Hébreux 10, 35 déclare : « ***..n'abandonne pas votre assurance à laquelle est attachée une grande rémunération.*** »

IV.2. L'ALLIANCE AVEC DIEU

Deutéronome 8, 18

Deutéronome 5, 2 : l'Eternel notre Dieu, a traité avec nous une alliance à Horeb.

Dieu va établir une alliance avec Noé après une épreuve compliquée et terrible.

Dieu a établi une alliance avec Abraham, Isaac, Jacob... tous après des dures épreuves.

Dans une alliance, ce qui est à Dieu devient à toi et ce qui est à toi devient à Dieu.

Tes faiblesses sont à lui et sa force devient à toi, tes malédictions deviennent à lui et ses bénédictions à toi, ta pauvreté à lui et sa richesse à toi.

Tout celui qui a l'alliance (ou dans l'alliance) avec Dieu, le désert ne peut pas te tuer, l'enchantement et la divination ne peuvent rien à cause de l'alliance. Les serpents et les scorpions du désert ne peuvent pas te détruire et te tuer.

IV.3. T'INTRODUIRE DANS TON REPOS OU TON HERITAGE

Deutéronome 8, 7 ; deutéronome 12, 9-10

Dieu va te faire entrer dans ton repos, peu importe les vents et marées, il a dit aux disciples : passons de l'autre bord, malgré la tempête, ils se sont retrouvés de l'autre bord.

Mais de fois l'accomplissement d'une prophétie commence par son contraire, tu ne peux pas accéder au trône, sans avoir terrassé Goliath, sans fuir Saül qui veut te tuer, sans être abandonné par ses propres disciples.

Tu ne peux pas avoir une position élevée sans que tu ne sois jeté d'abord dans la citerne, sans que tu ne sois esclave chez Potiphar et sans que tu ne sois innocemment emprisonné.

La mort honteuse à la croix, la descente dans tombe étaient des épreuves humiliantes de Jésus, mais sa résurrection et son ascension prouve qu'il est souverain Sauveur et Seigneur, c'est une grande gloire. Bientôt tu vas être ressuscité, bientôt ça sera ta gloire.

Chapitre V : AUTRES ELEMENTS A RETENIR

1. L'influence ou les aléas du désert.
2. Les pièges dans le désert ou pendant la traversée.
3. Les ressources au désert.

V.1. L'INFLUENCE OU LES ALEAS DU DESERT

Le désert a tendance à nous engloutir, nous transformer, nous séduire, nous maintenir là ; mais Dieu nous prépare pour une sortie.

Le désert ou le temps de vache maigre nous pousse encore et encore contre mur afin de nous faire changer d'avis, changer notre vision, notre rêve, notre détermination, notre langage, de s'arrêter ou de nous faire demi-tour.

- C'est à ce stade où les gens se fabriquent des solutions : par exemple : Sara et Abraham, les filles de Lot ;
- Changer leurs langages : par exemple : je suis aussi un homme ou une femme, je peux mettre en exploitation mon corps afin de bien gagner ma vie.

- Leur vision : eux-mêmes disent : « ***Qui se présente au canon, on tire. Tout chemin mène à Rome (raccourcis)*** »

D'autres deviennent fort et meilleur par les problèmes, mais d'autres distraits par les problèmes, deviennent moindre et s'affaibli.

La marche dans le désert, c'est comme les 3 jours de Jésus dans la tombe, c'est comme les 4 jours de Lazare dans la tombe,... un lieu sans espoir, où les langages changent : « il sent déjà, si tu eusses était là, ***SI*** : le conditionnel marquant la perte d'espoir ».

Fais comme David, appui toi toujours sur l'Eternel.

Celui qui t'amène dans le désert, il est ***spécialiste dans l'office de voirie*** ; il n'est pas seulement spécialiste de l'office de voirie, mais il est aussi le chemin, la vie et la vérité. Même dans le désert, il va frayer un chemin.

Esaïe 40, 3 : Une voie crie : Préparez au désert le chemin de l'éternel

Esaïe 43, 19 : ...Je mettrai un chemin dans le désert, ...

Ne t'arrête pas, ne change pas des visions, n'efface pas ton rêve, que le temps difficile n'étouffe pas ton rêve, ne change pas des langages, ne te fabrique pas des solutions...

V.2. LES PIEGES DU DESERT

1. LES PLAINTES ET MURMURES

Nombres 14, 2-4 ; Nombres 14, 27 ; Nombres 11, 1-3

Le diable les incitait à murmurer contre Dieu et contre son serviteur afin de remettre en cause le plan de Dieu, en disant : retournons en Egypte comme si Dieu ne fait pas bien les choses.

Il y a risque que Dieu t'amène au désert mais que ton cœur s'élève contre lui, il y a risque que ton cadavre tombe et reste dans le désert, ... Les murmures prouvent le manque de confiance en Dieu.

2. LA JALOUSIE ET LA MEDISANCE

Nombres 12

Parlant en mal contre le oint de Dieu, quand d'autres trouvent et que toi tu n'as pas pourquoi critiquer, parler en mal, calomnier… ?

Le danger est qu'au lieu d'avoir ce que le Seigneur prépare pour ton assaut, il y a risque que tu sois comme Marie, être frappé par la lèpre, une malédiction…

3. LA CONVOITISE

Nombres 11, 4 : « ***Le ramassis de gens qui se trouvaient au milieu d'Israël fut saisi de convoitise; et même les enfants d'Israël recommencèrent à pleurer et dirent: Qui nous donnera de la viande à manger?*** »

Psaumes 106,14 : « ***Ils furent saisis de convoitise dans le désert, et ils tentèrent Dieu dans la solitude.*** »

Nombres 11, 34 : « ***On donna à ce lieu le nom de Kibroth-Hattaava, parce qu'on y enterra le peuple que la convoitise avait saisi.*** »

4. L'INCREDULITE

Nombres 13, 1-4 ; Hébreux 3, 19

Les autres espions aux nombres 10, manifestant une incrédulité lors de l'exploration au point d'entrainer un grand nombre de peuple.

Les espions ont douté et le doute fait place de l'incrédulité (ils ont dit : nous étions à leurs yeux comme des sauterelles)

Ne change pas de langage, ne confesse pas négativement parce que les choses compliquent, ne te maudit pas parce que tout semble bloqué,... par contre sois positif, regarde aux exploits anciens de ton Dieu, consultes le livre des souvenirs et d'actions de Dieu et fortifies-toi à la manière de Caleb et Josué.

5. LE DECOURAGEMENT

Nombres 21, 4-7

A cause du découragement, Dieu va les punir par les serpents brulants et plusieurs perdirent la vie.

Notre âme est dégoûtée de ce pain misérable (nombres 21, 5), hors le pain misérable représentait Jésus, si le cœur n'a plus intérêt pour Jésus pendant ces moments durs de la vie Satan va le remplir.

V.3. LES RESSOURCES PENDANT LA TRAVERSEE DU DESERT

- ***LA PRIERE*** : la prière pour tout chrétien est comme le carburant dans un véhicule permettant à celui-ci de parcourir une longue distance. pendant les moments de vache maigre, tout chrétien est appelé à se ressourcer avec la prière afin de se maintenir et d'aller jusqu'au bout. Par la prière, on reste toujours attaché à la source qui est Jésus. En tout temps et toute circonstance, Moïse ne contactait que Dieu. De fois quand on prie, Dieu ne change pas nos problèmes, mais il change notre intérieur afin qu'on soit capable de changer toute situation extérieure.
- ***LA GRACE ET LA MISERICORDE DE DIEU :*** Hébreux 4, 16 nous dit : « ***Approchons-nous donc avec assurance du trône de la***

grâce, afin d'obtenir miséricorde et de trouver grâce, pour être secourus dans nos besoins ». Et Esaïe 63, 9 ajoute ceci : « ***Dans toutes leurs détresses ils n'ont pas été sans secours, Et l'ange qui est devant sa face les a sauvés; Il les a lui-même rachetés, dans son amour et sa miséricorde, Et constamment il les a soutenus et portés, aux anciens jours.*** »

- ***LA PATIENCE :*** le livre de Jacques 5, 11 nous dit : « ***Voici, nous disons bienheureux ceux qui ont souffert patiemment. Vous avez entendu parler de la patience de Job, et vous avez vu la fin que le Seigneur lui accorda, car le Seigneur est plein de miséricorde et de compassion.*** »
- ***LA PERSEVERANCE :*** Hébreux 10, 36 nous dit : « ***Car vous avez besoin de persévérance, afin qu'après avoir accompli la volonté de Dieu, vous obteniez ce qui vous est promis.*** » Il faut

demeurer ferme et constant en dépit de tout, sachant qu'après les épreuves c'est la gloire qui nous attend. Après la couronne d'épines, Jésus a bénéficié de la couronne de gloire simplement parce qu'il a tenu ferme jusqu'à mourir à la croix. La bible déclare : « ***Mieux vaut la fin d'une chose que son commencement; mieux vaut un esprit patient qu'un esprit hautain.*** »(Ecclésiaste 7, 8)

- ***LA MAITRISE DE SOI :*** Il faut toujours éviter les compromissions, prendre des mauvaises décisions, il faut pendant le temps d'épreuves pour tout chrétien de garder le contrôle de soi, afin d'éviter de pécher. Ne pas se laisser être emporté par la situation, mais se mettre entre les mains de Dieu.
- ***LA FOI :*** La foi t'aidera à ne pas voir seulement les réalités visibles, mais à croire aussi aux vérités invisibles ; et là, la toute-puissance de Dieu sera prêt à tout en ta

faveur. La foi de Josué et Caleb récompensée plus tard par Dieu lui-même. (Nombres 14, 8-9)

Chapitre VI :

LES CAPACITES DANS LE DESERT

VI.1. INTRODUCTION

Des fois Dieu ne change pas nos problèmes ou n'arrête pas la tempête qui souffle, mais vient nous donner les capacités de marcher dessus sans pour autant les enlever. Il n'enlève pas les serpents et les scorpions mais donne le pouvoir de marcher dessus.

L'exemple de l'aigle qui devient plus performant par l'épreuve de la tempête ou de tourbillon, pendant une forte tempête, il déploie ses ailes et se laisses emporté par le tourbillon afin de mesurer ses capacités.

Des fois pour toi, Dieu laisse les problèmes, les sorciers ne meurent pas, les combats ne se terminent pas, les adversités sont toujours là,... malgré ton onction, Saül est toujours là, ... Mais Dieu te donne les capacités nécessaires pour tenir ferme.

Au lieu d'exterminer ses ennemis, mais David déclare que Dieu exerce ses mains au combat. Pour dire que le désert présente certaines réalités et celui qui est censé le traverser doit avoir certaines capacités, c'est-à-dire être un chrétien aigle ou un chrétien chameau.

VI.2. UN CHRETIEN CHAMEAU

Pour résister facilement à toutes les épreuves du désert, il faut être comme un chameau. Pourquoi pas un autre animal ?

Ce qui confère au chameau un caractère si particulier est la structure de son corps, qui n'est pas affecté même dans les conditions les plus sévères. Le corps du chameau est tel qu'il lui permet de survivre pendant plusieurs jours sans vivres ni eau, et qu'il peut effectuer un long trajet avec une charge de plusieurs centaines de kilogrammes sur son dos.

Les caractéristiques du chameau, que vous allez découvrir en détail dans les lignes qui suivent, prouvent que cet animal a été tout particulièrement créé pour évoluer dans des conditions climatiques très sèches, et qu'il a été dédié au service de l'humanité.

1. LE SERVICE

Le chameau est un animal spécial au service de l'humanité : Tout d'abord, la parole de Dieu montre un moyen simple d'y arriver : «***Et quiconque veut être le premier parmi vous, qu'il soit votre esclave***». Ces paroles sont celles de Jésus. L'esclave, à cette époque, correspond au plus bas statut de l'échiquier social. Jésus donne ici une stratégie à ceux qui voudraient être grands: ils doivent servir. Pas besoin de fortune ou de talent, de charme ou de puissance: il suffit juste de servir. Jésus s'est lui-même mis au service de toute l'humanité. « ***C'est ainsi que le Fils de l'homme est venu, non pour être servi, mais pour servir et donner sa vie comme la rançon de plusieurs.*** ». Il n'est pas né dans un château, mais sur une étable. Il est mort comme un brigand et a sacrifié sa propre vie. Il est pourtant le fils du Dieu tout puissant.

2. EXTRAORDINAIRE RESISTANCE A LA FAIM ET A LA SOIF

Le chameau peut survivre sans eau ni nourriture pendant huit jours à une température de 50°C ! Durant cette période, il perdra 22 % de son poids total. Alors qu'un homme sera mourant s'il perd une quantité d'eau équivalente à 12 % de son propre poids, un chameau amaigri peut survivre tout en ayant perdu une quantité d'eau équivalente à 40 % du poids de son corps. L'une des raisons de sa résistance à la soif est un mécanisme qui permet à l'animal d'augmenter sa température interne jusqu'à 41°C, minimisant ainsi les pertes en eau dans les conditions les plus extrêmes. Il peut également réduire la température de son corps jusqu'à 30°C dans les nuits froides du désert.

Cette caractéristique veut seulement nous apprendre que pendant cette période, nous devons accepter de chercher Dieu par de jeunes et prières. S'adapter aux conditions d'épreuves vu que c'est momentanément qu'on se trouve dans cette épreuve tenir jusqu'à ce que la situation passe.

3. UNE GRANDE CAPACITE POUR STOCKER L'EAU

Les chameaux peuvent consommer jusqu'à 130 litres d'eau, ce qui correspond environ à un tiers du poids de leur corps, en seulement 10 minutes. Par ailleurs, les chameaux possèdent dans leur nez une structure muqueuse qui est 100 fois plus large que celle des humains; munis de ces larges mucosités nasales incurvées, les chameaux peuvent retenir 66 % de l'humidité de l'air.

Ici, nous comprendrons que l'eau représente la parole de Dieu. Cette période, tout chrétien doit toujours se référer à la bible. Elle doit être une force, un appui pour tout chrétien dans une situation difficile et rappelle à Dieu ses promesses contenues dans la parole.

4. UNE UTILISATION OPTIMALE DE LA NOURRITURE ET DE L'EAU

La plupart des animaux meurent par empoisonnement lorsque l'urée accumulée dans les reins se diffuse dans le sang. Cependant, les chameaux utilisent au maximum l'eau et la nourriture qu'ils consomment en faisant passer cette urée de nombreuses fois à travers le foie. A la fois le sang et les structures cellulaires du chameau sont adaptés afin de permettre à cet animal de survivre pendant de longues périodes sans eau dans les milieux désertiques. Les parois cellulaires de l'animal préviennent toute perte d'eau excédentaire. De plus, la composition du sang est telle qu'il n'y a pas de ralentissement de la circulation sanguine même si la quantité d'eau dans le corps du chameau est réduite au minimum. Par ailleurs, l'enzyme appelée albumine, qui renforce la résistance à la soif, est présente dans le sang du chameau en plus grande quantité que dans le sang des autres êtres vivants.

L'eau pure et limpide, c'est la parole et le Saint-Esprit. Ne l'attriste pas, ne le perd pas, ne l'étouffe pas,... car c'est lui qui te donnera la force nécessaire d'aller plus loin.

Nous pouvons soutenir cette idée avec les versets ci-après :

- Esaïe 11, 2 : « ***L'Esprit de l'Éternel reposera sur lui : Esprit de sagesse et d'intelligence, Esprit de conseil et de force, Esprit de connaissance et de crainte de l'Éternel.*** »
- Ésaïe 37, 3 : « ***Et ils lui dirent: Ainsi parle Ézéchias: Ce jour est un jour d'angoisse, de châtiment et d'opprobre; car les enfants sont près de sortir du sein maternel, et il n'y a point de force pour l'enfantement.*** »
- Psaumes 84, 8 : « ***Leur force augmente pendant la marche, Et ils se présentent devant Dieu à Sion.*** »

5. UNE PROTECTION CONTRE LES TORNADES ET LES TEMPETES: LA TETE DU CHAMEAU

Les yeux du chameau possèdent deux couches de cils conçus comme deux peignes, séparés mais maintenus ensembles le protégeant ainsi efficacement contre les fortes tempêtes de sables. En cas de danger, ils sont automatiquement fermés. Ainsi, grâce à cette spécificité, il est impossible qu'un petit grain de sable puisse pénétrer dans ses yeux. Le nez et les oreilles sont couverts de longs poils pour protéger l'animal contre le sable et la poussière. De plus, le chameau peut fermer ses naseaux, afin de ne pas permettre au sable de pénétrer.

Le diable sait se saisir des opportunités, des moments forts de nos vies afin de nous présenter d'autres solutions, il faut à la manière du chameau fermer nos yeux et nos oreilles physiques et les[2] laisser ouverts spirituellement.

---

[2] « ***Les*** » remplacent les yeux et les oreilles.

La bible déclare : « ***... qu'un peu de levain fait lever toute la pâte*** » (1 Corinthiens 5, 6)

Abraham face à la tempête c'est-à-dire la pression de sa femme Sarah qui n'avait pas d'enfants, proposa son mari à prendre sa servante pour engendrer des enfants alors que ce dernier avait déjà une promesse de la part de Dieu. Nous devons à la manière de chameau pendant le temps difficile de notre marche chrétienne fermer toute porte afin que afin que l'ennemi ne nous renverse pas, être tenace, tenir ferme, resté constant jusqu'à ce que la lumière apparaisse.

6. LE COU DU CHAMEAU

Notre Dieu, créateur du ciel et de la terre soit glorifié pour avoir créé les chameaux avec un long cou, afin qu'ils puissent atteindre les plantes du sol qui sont basses et les arbres qui sont hautes. De plus, le long cou du chameau lui permet d'élever sa tête des impuretés, et lui permet de se dresser droit avec des charges. Son long cou lui permet d'atteindre des branches à 3 mètres de hauteur, et donc de s'alimenter de leurs feuilles.

Pendant des moments difficiles, il faut chercher à découvrir la longueur, la largeur, la hauteur et la profondeur de la puissance de Dieu dans la prière.

Ephésiens 3, 18-19 : « ***Vous puissiez comprendre avec tous les saints quelle est la largeur, la longueur, la profondeur et la hauteur, 19 et connaître l'amour de Christ, qui surpasse toute connaissance, en sorte que vous soyez remplis jusqu'à toute la plénitude de Dieu.*** »

Ne pas se fatiguer, ni se lasser en méditant la parole de Dieu jusqu'à ce qu'elle produise des effets dans votre vie.

7. LA PEAU ET LES POILS

La peau et les poils du chameau aident à la fabrication de plusieurs choses, par exemple, la viande du chameau est une meilleure viande ne pouvant jamais donner la maladie.

Tu peux être dans le désert, mais tu es une source de bénédiction pour plusieurs, une aide, un soutien, un réconfort, ... à partir de ce que tu as et non ce qui te manque.

Tu peux être meilleur au dedans pendant que tout autour de toi les choses son pourries, les choses n'évoluent pas...

Ça n'allais pas avec la femme Sunamite, mais elle pouvait dire tout va bien à partir de l'intérieur.

La bible déclare, il fait des ténèbres sa haute retraite. Psaumes 18, 12.

8. UNE PROTECTION CONTRE LES BRULURES ET LE FROID EXCESSIF

Le pelage épais et impénétrable du chameau évite à la peau du chameau d'être affectée par les brûlures du soleil du désert. Il protège également l'animal contre les atteintes des grands froids. Ainsi les chameaux du Sahara supportent-ils des températures supérieures à 50°C, tandis que les chameaux des hautes vallées froides de Bactriane (au nord de l'Afghanistan) peuvent survivre lorsque la température descend au-dessous de –50°C, à une altitude voisine de 4.000 mètres.

Le travail que le Saint-Esprit fait de l'intérieur fera que tu ne vas pas trop bougé quand les moments difficiles viendront.

Romains 13, 14 déclare : « revêtez-vous du Seigneur Jésus-Christ... »

Exemples : Illustration de cette grand-mère et sa petite fille déçue par son mari.

Carotte – œuf – grain de café

Toi, qui es-tu quand l'adversité se présente, comment réagis-tu ? Es-tu carotte, un œuf ou un grain de café ?

- Suis-je une carotte qui semble être forte, mais qui est ramoulée devant la douleur de l'adversité ?
- Suis-je un œuf au cœur malléable mais qui change avec la chaleur ? Est-ce mon esprit devient plus dur, plus formé après un décès, une rupture, une difficulté ? Alors que l'extérieur a une coquille restant le même

mais l'intérieur je suis dur, amer et j'ai un cœur rigide.

- Suis-je un grain de café Lorsque l'eau devient chaude il libère son parfum et sa saveur ? Ce n'est pas l'eau qui avait changé le café, mais le café a changé l'eau avec son arôme riche.

Les personnes les plus heureuses dans la vie ne sont pas nécessairement celles qui sont les plus fortes, c'est celles qui font de leur mieux pour affronter les obstacles que leur réserve la vie. Oublier le passé car vous ne pouvez pas aller de l'avant tant que vous vous accrochez à vos péchés et vos douleurs passées.

9. OREILLES DU CHAMEAU

Ses oreilles sont petites et un peu saillantes. Ils sont couverts de poils des deux côtés, ce qui les protège du sable soufflé par le vent. Ils peuvent aussi s'incurver et se coller à la tête lorsqu'un vent sableux souffle.

Les oreilles de tout chrétien doivent être à l'écoute de Dieu et non des dires de son entourage.

10. LES PIEDS DU CHAMEAU ET LES BOURRELETS AUX GENOUX

Les pieds du chameau, larges en comparaison de ses pattes, sont spécialement conçus et élargis afin d'aider l'animal à avancer dans le sable sans risque d'enlisement. Ces pieds possèdent une forme élargie à la base et boursouflée. Une peau épaisse sous la voûte plantaire constitue une protection contre le sable brûlant du désert. De plus, ces pieds sont adaptés à tous les sols, puisqu'ils sont dotés de deux orteils reliés entre eux par un coussin flexible. Cette structure qui lui permet d'épouser fermement le sol est composé de quatre grosses boules. Ces pattes sont entièrement adaptées à toutes sortes de sols. Ses ongles protègent la patte contre tous les dommages potentiels qui peuvent être causés par les chocs. Les genoux sont couverts d'une structure appelée le "cor", une callosité qui se compose d'une peau aussi dure et épaisse que la corne. Quand l'animal s'allonge sur le sable extrêmement chaud, cette structure pleine de cal protège l'animal d'éventuelles brûlures. Lorsqu'un chameau s'assoit pour se reposer ou se lever pour être préparé au voyage, son lourd corps s'appuie sur les bourrelets calleux de ses pattes, et la plus grande partie de son poids est celle de thorax, avec lequel il peut pulvériser un animal ou un homme s'il se couche sur lui.

Ces bourrelets représentent l'un des miracles que Le Créateur a accordé à cet animal stupéfiant. La structure du chameau l'aide à s'asseoir sur le sable dur et chaud - qui est souvent le seul endroit ou un chameau peut se reposer- et le chameau peut donc s'adapter à cela et peut se protéger de tout danger.

Les petits chameaux sont nés avec ces bourrelets. Ils sont permanents et héréditaires, non pas comme les chaussures des êtres humains.

11. LE CHAMEAU EST INFATIGABLE

Le chameau capable de parcourir de très longue distance sans se fatiguer. Cette capacité vient de son intérieur. La capacité de ne pas abandonner est très importante pour se tirer de certaines situations. La fatigue nous arrête, elle nous fait changer l'opinion et la vision, elle nous fait entrer dans la distraction, elle nous fait raté l'objectif.

Juges 8, 4 : « ***..fatigués, mais poursuivant toujours.*** »

Ne t'arrêtes pas sur les dires des gens, sur les découragements, car il ne te reste qu'une petite distance, fonce.

Un des grands présidents avait déclaré dans son discours tant entendu par les étudiants en disant : « ***NE T'ARRETE PAS ET QUE RIEN NE T'ARRETE*** » Churchill.

Le combat est fatiguant même si on remporte la victoire, mais c'est fatiguant.

12. L'OBEISSANCE ET L'HUMILITE DU CHAMEAU

Le chameau, malgré sa taille, pour le monter, il doit fléchir et/ou s'agenouiller en se laissant faire. Non seulement on monte sur le chameau, mais le chameau peut aussi être capable de de transporter certaines charges. Son obéissance et son humilité lui permettront de traverser le désert.

Laissons Jésus nous monter dessus, ce n'est pas le chameau ni le cheval qui dirige celui qui est dessus, mais c'est celui qui est dessus qui conduit l'animal.

Jean 12, 14 : « ***Jésus trouva un ânon, et s'assit dessus,...*** »

Dieu qui te fait passer par des temps difficile poursuit un objectif en tant que potier il connait la forme qu'il veut te donner, et cette forme est celle qui correspondra à ta gloire, c'est ce qu'il a dit à Moïse par rapport à la fabrication de l'arche, vous ferez selon le modèle que je vous montrerez.

L'obéissance vaut mieux que les sacrifices. La bible complète cette idée en disant : « ***Il accorde, au contraire, une grâce plus excellente; c'est pourquoi l'Écriture dit: Dieu résiste aux orgueilleux, Mais il fait grâce aux humbles.*** » (Jacques 4, 6)

Dans les moments difficiles, on doit maîtriser la notion de l'obéissance à Dieu, car il ne trompe jamais. N'osez pas commettre l'erreur de Saül qui désobéit à Dieu et cela au prix de sa royauté.

1 Samuel 15, 22 : « ***Samuel dit: L'Éternel trouve-t-il du plaisir dans les holocaustes et les sacrifices, comme dans l'obéissance à la voix de l'Éternel? Voici, l'obéissance vaut mieux que les sacrifices, et l'observation de sa parole vaut mieux que la graisse des béliers.*** »

CONCLUSION GENERALE

Après avoir parcouru tous les six chapitres de notre livre, vous comprendrez qu'un chrétien est un disciple conséquent du Christ ; qui essaie de vivre l'éthique du royaume et les valeurs de l'évangile.

Ce disciple étant soucieux de la sanctification et cherchant à refléter l'image du Christ doit passer par une école, qui est le désert, pour se dépouiller de sa vieille carcasse. Dans une école où Jésus-Christ lui-même est surveillant, afin de bien le tailler, le façonner, l'équiper et lui donner une forme correspondante à sa bénédiction à venir.

Pendant ce moment difficile, le disciple doit faire recours à Dieu par la prière, la parole de Dieu, ... afin de se maintenir pour aller jusqu'au bout et surtout comprendre la pensée réelle du Maître. C'est en découvrant la pensée réelle de Dieu que le disciple aura la vision focalisée sur la finalité de son épreuve et non sur son épreuve. Et cela lui donnera la capacité de ne pas abandonner, ni de se fatiguer, ***car la fatigue nous arrête et nous fait changer d'opinion et de vision***.

Vous êtes en train de traverser des moments difficiles de votre vie, c'est normal, mais ***ne perdez pas votre vision, ne vous arrêtez pas et que rien ne vous arrête.***

Printed by Books on Demand GmbH, Norderstedt / Germany